AF312117

REFLEXIONS

SUR LA POLICE

DES GRAINS

EN FRANCE

ET EN ANGLETERRE.

Mars 1764.

REFLEXIONS

Sur la Police des Grains en France & en Angleterre.

QUAND deux opinions opposées trouvent des partisans, les personnes qui restent dans la neutralité doivent penser, ou que les deux partis sont dans l'erreur, ou que celui qui défend la vérité n'expose pas assez clairement ses raisons, ou que le parti opposé a des motifs d'incapacité ou d'intérêt particulier qui l'empêchent de se rendre à la lumière. Dans quelle classe placer ceux qui demandent la liberté du commerce des grains, comme une opération salutaire pour un Royaume épuisé, & ceux qui, regardant la prohibition comme le salut de l'Etat, envisagent l'exportation comme le germe de la disette & de la tamine ? Ce feroit aux perfonnes neutres à décider entre ces deux partis, s'il pouvoit y avoir de la neutralité, fur la queftion de l'exportation , parmi ceux qui l'ont examinée. Quel que puifle être le degré de lumières de ceux qui hazardent leur avis fur cette queftion , il ne leur fera peut-être pas inutile d'entrer dans la difcuffion d'un fait principal, qui eft devenu, pour ainfi dire, l'arcenal où chacun puife des armes.

Ceux qui forment des vœux pour que le Gouvernement accorde une entière liberté à l'exportation, s'appuient communément fur deux raifons; l'une eft tirée de notre propre expérience , l'autre de l'expérience des Anglois. La France étoit épuifée lorfque Henri I V monta fur le Trône. Non-feulement elle fe rétablît, mais elle devint opulente pendant l'adminiftration du Duc de Sully. Le plus actif de fes principes, difent les partifans de la liberté, fut de favorifer l'exportation des grains. Nous avons donc le plus grand intérêt à reprendre ce principe vivifiant.

Ceux qui aiment le defpotifme des prohibitions n'ont pas répondu, mais ils pourroient répondre que la liberté d'exporter dont on jouît fous le miniftère du Duc

(5)

de Sully, ne fut que de tolérance ; que
fon opération fut fecondée par les faifons,
par le peu d'étendue de notre commerce,
par l'inertie de nos voifins ; mais que la
liberté ne fut point légale, puifque l'Edit
du 12 Mars 1595, qui défend d'exporter
les grains, fous peine *d'être pourfuivi
comme criminel de lèze-Majefté*, n'a jamais été révoqué. Cet Edit avoit été rendu fous les yeux du Duc de Sully, &
peut-être par fon avis ; car quoiqu'il n'ait
été Surintendant qu'en 1599, il entra dans
le miniftère des Finances dès 1595 (*a*).

(*a*) Henri IV établit un Confeil des Finances en 1594.
Il vouloit y placer Sully ; mais il craignit de bleffer les
Catholiques. Ce fait annonce que dès-lors Sully s'occu-
poit de cette partie de l'adminiftration. La guerre fut dé-
clarée à l'Efpagne, par un manifefte daté du 17 Janvier
1595. Henri, avant que de partir pour fe mettre à la tête de
fes troupes, fubftitua un nouveau Confeil au premier, &
y plaça Sully. Il ne partit de Paris que le 30 Mai. C'eft
dans l'intervalle, entre ces deux dates, que fut rendu
l'Edit prohibitif. S'il eft l'ouvrage du nouveau Confeil, on
peut foupçonner que Sully y participa. Cependant on ne
doit pas oublier qu'il dit dans fes Mémoires, que les
membres du Confeil fe liguèrent contre lui ; qu'au lieu de
figner leurs Arrêtés, il protefta contre, & fe retira à Mo-
ret : qu'enfin il favorifa ouvertement le commerce des
grains pendant qu'il fut Surintendant. D'un autre côté, il
nous apprend que fa retraite fut poftérieure au départ
du Roi, & l'Edit eft antérieur de deux mois & demi. S'il
eft incertain que ce Miniftre y ait eu part, il eft du moins
impoffible de fe diffimuler qu'il n'en ait eu une parfaite
connoiffance.

Si ce Miniftre eût regardé la liberté de l'exportation comme un principe fonda- mental , l'eût - il expofé à être renverfé par l'incapacité, ou la timidité de fes fuc- cefseurs, excufés & même fecondés par un Edit ? Il eût cherché à perpétuer, par l'au- torité d'une loi publique, l'ufage de cette liberté qu'il fe contenta de tolérer, de permettre, ou même de favorifer. Qu'on ne dife pas que Sully a prouvé fes prin- cipes par le fait. Les contradictions qu'é- prouvoit fa tolérance lui devoient faire fentir tout l'afcendant des loix connues. Il avoit afsez de pouvoir pour favorifer l'exportation malgré la loi; il fe feroit fervi de ce même pouvoir pour la faire abroger par une loi nouvelle, fi l'utilité d'une liberté perpétuelle eût été dans fes principes. On pourroit donc regarder comme vraifemblable, que la faveur qu'il accorda à l'exportation tenoit autant aux circonftances qu'aux principes qu'on lui attribue d'après fon adminiftration & fes Mémoires.

L'expérience des Anglois eft le fecond point d'appui de ceux qui défirent la libre exportation. Le commerce, la population, les forces nationales, difent-ils, fe font pro- digieufement augmentées en Angleterre, depuis que la fortie des grains eft non-feulement permife chez eux, mais de plus encouragée par des gratifications. Une expérience heureufe & foutenue pendant plus d'un fiècle doit faire taire les préjugés les plus enracinés.

Les partifans des prohibitions fe plaignent, à cet égard, de ce qu'on veut introduire en France des maximes Angloifes. Ce qui convient dans un Pays, difent-ils, ne convient pas dans un autre. La police des Anglois appeleroit parmi nous la difette & la famine. D'ailleurs ils ont eux-mêmes fenti la néceffité d'interdire quelquefois la fortie de leurs grains.

Il paroîtroit bien étonnant, fans doute, qu'on objectât aux partifans de la prohibition, qu'ils fe rapprochent beaucoup plus des principes Anglois qu'ils cherchent à écarter, que les partifans de la liberté qui réclament continuellement ces principes. C'eft cependant un fait qu'il ne paroît pas difficile de prouver.

Nos prohibitions à la fortie empêchent le blé étranger d'entrer dans le Royaume. C'eft auffi le principal but de la Police Angloife, que de chaffer le blé étranger. Nous repouffons nos voifins, en les avertiffant qu'ils feront retenus dans nos ports dès qu'ils y feront entrés : l'Angleterre repousse l'Etranger, en chargeant sa denrée de droits si énormes, qu'il perdroit beaucoup à l'y conduire. Les Anglois veulent se passer de toutes les Nations sur cet objet : nous formons le même vœu, puisque nous ne retenons la totalité de nos grains, que dans l'espérance de nous suffire à nous-mêmes. Il est vrai que l'Anglois chasse le blé qu'il n'a pas cultivé, de peur qu'on n'en apporte trop, & que c'est au contraire la crainte d'en manquer qui nous porte à réserver toutes nos récoltes. Mais il n'en est pas moins vrai que, de part & d'autre, on parvient au même but, quoique par des voies différentes. Nos prohibitions ne nous éloignent donc pas beaucoup, quant aux effets, de la Police Angloise.

A l'égard de l'exportation telle qu'on la demande aujourd'hui, on veut qu'elle soit entière, perpétuelle, indépendante des bonnes ou des mauvaises récoltes; un de ces principaux effets, dit-on, sera de prévenir les disettes, en attirant les blés étrangers dans les mauvaises années. Ce n'est point sur ces principes qu'elle est établie en Angleterre. Il est donc certain que la liberté qu'on sollicite pour le commerce de France, ne ressemble que foiblement à celle dont jouit le commerce des Anglois.

Une connoiſſance exacte de leur Police & de l'objet qu'ils ſe ſont propoſé , eſt un point de fait dont il ſemble qu'on auroit dû s'aſſurer avant que de la décrier en France, ou d'en ſolliciter l'adoption. On s'en eſt ſi peu occupé, qu'il eſt aiſé de faire voir que la Police Angloiſe, la nôtre, & celle qui n'auroit pour principe qu'une entière liberté , forment trois plans d'adminiſtration très-diſtincts. Le commerce des grains n'eſt pas proprement libre en Angleterre, puiſqu'il eſt chargé d'entraves au dedans & au dehors. En France il eſt permis pour l'entrée , & prohibé pour la ſortie. On demande aujourd'hui, pour ce commerce, une liberté abſolue & permanente. Voilà trois plans différens. Mais c'eſt principalement dans le but & dans les moyens qu'ils diffèrent entre eux.

L'Angleterre languiſſoit autrefois dans les liens d'une prohibition abſolue. Elle éprouva les mêmes effets que nous éprouvons aujourd'hui ; l'abandon de la culture, la réduction des ſalaires, la pauvreté pour quiconque n'avoit que de la ſanté & des bras. Un écrit publié en 1621 par le Chevalier Thomas Culpeper, nous apprend qu'alors les François avec leur blé, & les Hollandois avec ceux de Pologne, fourniſſoient les marchés Anglois, & que les blés nationaux étoient habituellement au-deſſous de leur vraie valeur. » A pré- » ſent, dit Culpeper, que le blé & les » autres denrées que la terre produit ſont » *à vil prix*, on abandonne la bêche & la » charue. Les pauvres gens trouvent peu » à travailler, & les *ſalaires* ſont extrê- » mement bas. Si les Propriétaires des » terres trouvoient leur compte à les » amender, (c'eſt-à-dire *à améliorer leurs* » *terres*,) il y auroit bientôt beaucoup » plus de monde occupé à les cultiver, » qu'il n'y en a aujourd'hui, & *les ſalai-* » *res ſeroient plus forts*. Tout homme » qui auroit de la ſanté & des bras ne ſe- » roit pauvre que par une extrême pa- » reſſe ».

L'aſcendant des préjugés ſur la multitude, & l'impreſſion foible & lente des principes les plus ſolides & les plus lumineux ſur des eſprits prévenus, ne permirent pas aux Anglois de démêler promptement les cauſes de leur pauvreté. Ce n'eſt qu'en 1660 que nos ſuccès & leurs pertes entr'ouvrirent leurs yeux. Ils eſſayèrent de permettre l'exportation de

leurs grains, quand le *quarter* (a) ne vau-
droit que 24 fchelins. Cet effai timide
produifit des effets fi avantageux, qu'en
1663 l'exportation fut permife jufqu'à ce
que le quarter montât à 48 fchelins, c'eft-
à-dire à 27 liv. le fetier de Paris.

On vient de voir que pendant la durée
de la prohibition en Angleterre, les blés
de France & de Pologne y garniffoient
tous les marchés. On crut donc qu'il ne
fuffifoit pas de fortifier la culture par le
libre commerce des grains à la fortie,
& qu'on devoit encore la favorifer en
repouffant les blés étrangers par des droits
d'entrée. Ces droits augmentèrent par
degrés ; ils furent d'abord de 5 fchelins
4 deniers, enfuite de 10, de 16 fchelins ;
enfin ils montèrent jufqu'à 20 fchelins par
quarter, (22 livres 10 fols de notre monnoie.) Il eft aifé de concevoir, qu'à l'exception d'un temps de famine, l'importation des grains étrangers eft impoffible
par-tout où le fetier, mefure de Paris,

(a) Le *quarter* eft une mefure qui pèfe 460 livres,
c'eft-à-dire 20 livres de moins que deux fetiers de Paris.
Le fchelin répond à 1 liv. 2 f. 6 den. de notre monnoie. Ainfi la fortie du blé d'Angleterre ne fut d'abord
permife que lorfqu'il ne paffoit pas 13 liv. 10 f. argent
de France par fetier.

eſt chargé de 11 liv. 5 ſols de droits d'entrée. Cette branche de l'opération Angloiſe étoit une grande faute, comme on le verra bientôt.

De ſuccès en ſuccès, le Gouvernement d'Angleterre ſentit qu'il pouvoit ne ſe pas borner à repouſſer le blé étranger en le chargeant de droits, & à permettre la ſortie des blés nationaux à quelque prix qu'ils puſſent monter. Il accorda de plus en 1689 une gratification de 5 ſchelins pour chaque quarter de blé qui ſeroit exporté. C'eſt un peu plus de 3 liv. de notre monnoie pour chaque ſetier, meſure de Paris.

Voilà l'origine, les progrès & l'état actuel de la Police Angloiſe par rapport au commerce des grains. Elle s'eſt établie en paſſant par tous les degrés d'expérience néceſſaires pour former avec connoiſſance de cauſe, un plan permanent. Recommencer ces expériences parmi nous, ce ſeroit faire l'aveu humiliant que nous ſommes à plus d'un ſiècle de l'Angleterre, dans les progrès de l'eſprit humain, ſur la ſcience économique & politique. Il ne tient qu'à nous de les ſurpaſſer, puiſqu'en profitant de leurs bonnes vues, nous pouvons nous épargner les fautes qu'ils ont faites, & perfectionner le plan d'adminiſtration auquel ils ſe ſont fixés.

Que nous importe, en effet, ce que le Duc de Sully penſoit à l'égard du commerce des grains, puiſque d'un côté il n'a pas imprimé le ſceau de la Loi à ce qu'on regarde comme ſes principes, & que d'un autre côté la liberté qu'il a certainement favoriſée, fait partie des bonnes opérations avec leſquelles il a ſauvé le Royaume ? Que nous importe ce qu'ont fait & ce que font les Anglois, puiſqu'il eſt certain que leur Police eſt incomplette, & qu'elle a des inconvéniens marqués qui ſeront irrémédiables tant que la gratification ſubſiſtera ? Sommesnous aſſez bornés pour n'oſer faire un pas ſans nous vouer à une imitation ſervile ?

Les hommes de tout pays, de tout ſiècle découvriront infailliblement les vraies routes de l'adminiſtration, lorſqu'après s'être délivrés des préjugés & des maximes d'habitude, ils chercheront de bonne foi la vérité dans les principes des choſes, ou dans leurs conſéquences.

Sully agit en Miniſtre en favoriſant l'exportation des grains. Il vit dans les principes des chofes, le contraire de ce que le Chancelier de l'Hôpital en 1567 & le Confeil de Finances en 1595 avoient légalement ordonné. Culpeper & celui qui en 1660 propofa au Parlement d'Angleterre de brifer les entraves de la prohibition, virent auffi cette opération en Miniftres. Ce dernier vit comme Sully, mais il vit plus loin, puifqu'il fit rendre perpétuel par une Loi, ce que Sully n'avoit rendu que momentanée, puifque c'étoit le fruit de fon autorité particulière, & que ce fruit devoit ou pouvoit difparoître avec lui.

On peut aujourd'hui avec beaucoup moins de génie que Sully, Culpeper, &c. fe promettre de décider avec fageffe la queftion de la libre exportation des grains, & de rectifier fans méprife les détails défectueux qui fe font gliffés dans une adminiftration bonne en elle-même, puifque l'expérience l'a toujours juftifiée.

Le plan auquel fe font fixés les Anglois n'eft point celui d'une liberté entière de commerce, puifque l'entrée des blés étrangers eft profcrite par les droits auxquels ils font affujettis. Ce n'eft point non plus celui d'une prohibition abfolue, puifque la fortie du blé national eft toujours permife, & qu'elle eft même encouragée par une gratification, tant que le prix du quarter n'excède pas 48 fchelins. C'eft un plan mixte, & par là un plan défectueux. Jettons un coup d'œil fur les inconvéniens qu'il renferme.

Les Anglois convaincus que la prohibition de la fortie des blés avoit détérioré leur culture, & acheveroit de la détruire, permirent l'exportation; c'étoit le remède qu'indiquoit le mal même. Ils remarquèrent en même-temps que le blé étranger s'introduifoit chez eux; ils le chargèrent de droits pour en empêcher l'entrée. C'étoit une faute. Ils la commirent, parce qu'ils ne virent pas que les verfemens de blés étrangers n'étoient qu'une fuite, qu'un effet de la diminution de culture caufée par les prohibitions. L'embarras de leur pofition, l'engourdiffement inféparable d'une longue habitude, les empêchèrent de fentir que l'exportation favorifant la culture, oppoferoit au blé étranger la plus puiffante des barrières, l'abondance; que ce blé ne feroit attiré & ne s'introduiroit que dans des temps de difette, parce que le commerce ne porte point les denrées où elles abondent, & les verfe toujours où elles manquent; que par conféquent il étoit fuperflu de repousser le blé dans les temps d'abondance par des droits excessifs, & dangereux de les chasser par le même moyen dans les temps de disette. Cette méprise a jetté les Anglois dans des embarras minutieux & journaliers, & quelquefois dans le péril de manquer de grains. Tant une seule erreur, en fait d'administration, est dangereuse, par la suite d'erreurs qu'elle entraîne après soi !

Les succès incroyables de la libre exportation chez eux, & plus encore l'intérêt qu'avoit Guillaume III à mettre dans son parti les propriétaires des terres, donnèrent lieu à la gratification établie en 1689. Ils ne virent pas que l'exportation a nécessairement des limites indépendantes de la fécondité du sol, & de la faveur des loix humaines ; que c'est sur l'étendue des besoins que se mesurera toujours la quantité des ventes ; que les besoins & la population ayant par-tout un terme, c'est une chimère que d'imaginer la possibilité d'un accroissement de richesses sans bornes, d'après une exportation qui s'accroîtra toujours. Cette fausse route, en les conduisant à la gratification, fortifia l'obstacle qui écartoit le blé étranger, & le rendit même nécessaire. Cette gratification n'étoit destinée

tinée qu'à l'encouragement de la culture nationale ; il falloit donc empêcher le blé étranger d'en profiter dans le cas de réexportation ; & le feul moyen de prévenir cet inconvénient étoit de continuer à en interdire l'entrée par des droits exceffifs. On va voir les fuites de ces fauffes mefures.

Le pays le plus fécond, le mieux cultivé n'eft pas à l'abri d'une mauvaife année. Il eft tout fimple qu'alors l'infuffifance des grains foit moindre dans un Etat qui cultive & pour lui & pour fon commerce, que dans celui qui mefure habituellement fa culture fur fes befoins ; cependant il eft poffible que la récolte fe trouve infuffifante pour la confommation intérieure. L'Angleterre en eft une preuve, quoique depuis que l'exportation y eft libre, les exemples en foient exceffivement rares. Quand on y éprouve une de ces années fâcheufes, la difette peut s'y faire fentir, à moins qu'on n'ouvre les ports au blé étranger. Il faudroit donc en bonne politique renoncer alors à ces droits d'entrée qui écartent des fecours que les circonftances rendent étroitement néceffaires.

Les Anglois ont fenti cette difficulté, mais leur attachement à la gratification ne leur a pas permis de la faire ceffer par

un moyen qui fût à la fois simple & so-
lide. Ils ont compliqué leur Police au lieu
de la changer.

Les droits d'entrée sur les blés étrangers ne sont pas fixes. Ils varient comme
le prix du blé national. Ainsi quand le blé
Anglois est à bon marché, les droits d'entrée sur les grains étrangers sont excessifs.
On se propose par-là de favoriser la vente
de la denrée nationale, & d'empêcher
l'introduction de la denrée étrangère.
Quand les blés montent à un haut prix,
& qu'enfin ils deviennent chers, les droits
d'entrée sur les grains étrangers diminuent
en proportion de l'augmentation du prix
du marché. C'est un appât pour attirer
l'étranger, afin qu'il supplée par ses exportations, ce qui manque à la subsistance du
peuple.

Il est aisé de concevoir que la gratification d'un côté, & de l'autre l'augmentation ou la diminution des droits d'entrée
dépendant de la valeur du blé en Angleterre, c'est un article essentiel de Police
que de savoir toujours le prix des grains.
Ces prix varient nécessairement & dans
des intervalles assez courts, sur - tout
dans les mauvaises années. Si ces variations n'étoient pas constatées, il seroit

d'une difficulté infurmontable d'avoir des points fixes , foit pour accorder ou refufer la gratification aux Commerçans régnicoles , foit pour augmenter ou réduire les droits d'entrée que payent les blés étrangers.

A l'égard des Commerçans régnicoles, on a été forcé de s'abandonner à leur bonne foi, fans cependant cefer d'embarraffer leurs opérations par des formalités & par des gênes très-préjudiciables. Le Marchand eft obligé d'apporter un certificat du Magiftrat du lieu où les achats ont été faits , portant le prix du marché. L'Infpecteur de la Douane exige de plus le ferment du Marchand, ou telle autre précaution qu'il juge néceffaire , lorfqu'il fe défie de la fincérité du certificat & de la fidélité du ferment. Enfin le Marchand fournit une caution affez forte pour fûreté de fa déclaration , & de la décharge qu'il doit faire en pays étranger ; décharge qui doit auffi être conftatée par un certificat. Qu'on fupprime la gratification Angloife , toutes ces formalités puériles & gênantes deviendront fuperflues. Le blé fortira d'Angleterre lorfqu'il y fera trop abondant, & par conféquent à trop bas prix. Il y reftera lorfque fa proportion avec la confommation intérieure le fera monter à un prix raifonnable. Il y reftera plus fûrement encore, fi la rareté en rend le prix avantageux.

A l'égard des Commerçans étrangers, ils n'ont aucune bouffole pour fe conduire. Car fi le blé vaut en Angleterre de 30 l. à 45 l. le fetier argent de France, *au moment du départ de leurs vaiffeaux*, ils comptent fur 4 l. 10 f. de droits d'entrée par fetier (8 fch. 7 d. $\frac{5}{10}$ par quarter). Mais fi, par une de ces révolutions fi promptes & fi fréquentes fur le prix des grains, le fetier de blé ne vaut plus en Angleterre, *lorf- que ces vaiffeaux étrangers arrivent*, que d'environ 24 à 30 liv. de notre monnoie, les droits d'entrée doivent être payés fur le pied d'environ 9 liv. 8 fols par fetier argent de France, (16 fch. 7 den. $\frac{3}{5}$ par quarter). Ces droits font fi énormes, qu'en fuppofant que le blé importé re- vînt à 25 liv. le fetier au vendeur, & ce feroit un prix exorbitant, il payeroit, dans le premier cas, 18 pour cent de droits d'entrée, & dans le fecond, plus de 36 pour cent (*a*). Y a-t-il un commerce

---

(*a*) Dans ces prix & dans ces calculs, on n'a employé que des nombres ronds, parce que les fractions ne fervent qu'à embarraffer le lecteur, lorfqu'une précifion rigoureufe n'eft pas abfolument néceffaire.

qui puiſſe ſupporter un impôt ſi déme-
ſuré ; & comment concilier les juſtes profits d'une ſpéculation ſage, avec des droits
ſi exceſſifs en eux-mêmes, & qui peuvent être portés au double de ceux ſur
leſquels on a compté ? Les variations
dans la réduction des droits, deſtinées à attirer le blé étranger, ne peuvent donc que
détourner de faire des ſpéculations pour
approviſionner l'Angleterre, lorſque ſes
grains ne ſuffiſent pas à ſes beſoins. Elle
s'eſt expoſée à cet inconvénient par ſa
mauvaiſe police ; auſſi l'a-t-elle éprouvé. Alors la réduction des droits d'entrée n'a pas ſuffi pour la raſſurer ; & la
peur qui ne ſait rien calculer, l'a éga-
rée juſqu'à ſuſpendre par une loi particulière la liberté d'exporter les grains.
Qu'on ſupprime & la gratification & les
droits d'entrée, le péril diſparoîtra. Les
Anglois n'exporteront point dans les mauvaiſes années, parce que le haut prix em-
pêchera plus ſûrement les blés de ſortir
qu'aucune loi prohibitive. Les Etrangers
ſeront attirés par ce haut prix. Ils impor-
teront tant qu'il ſe ſoutiendra, c'eſt-à-
dire tant que le beſoin ſubſiſtera. Ils ceſ-
ſeront d'importer, & les Anglois repren-
dront leurs exportations, dès que l'abon-

dance sera conftatée par le bas prix. ·

Il n'eft pas vraifemblable que parmi ceux qui fentent la néceffité de réparer le fonds des richeffes du Royaume, par la libre exportation des grains, il s'en trouvât un feul qui voulût que la Police Angloife fût adoptée. 1°. Parce qu'avec un peu de connoiffance des hommes, on fait qu'il eft inutile de récompenfer l'exportation. Elle porte avec foi fa récompenfe par les profits du commerce. On peut laiffer aux Commerçans le foin de ne s'engager que dans les opérations qui leur promettent des bénéfices. L'exportation de nos vins, de nos eaux-de-vie, de nos toiles, &c. n'eft point excitée par des gratifications. Cependant le commerce nous délivre de notre fuperflu fur ces articles. 2°. Parce que la gratification nous obligeroit à prendre des mefures pour repouffer le blé étranger; & il eft très-important au contraire de l'attirer, jufqu'à ce que notre commerce extérieur foit affez bien établi pour faire ceffer, ou pour borner l'importation du blé étranger par notre propre abondance. 3°. Parce que la gratification, d'un côté, & de l'autre, l'expulfion du blé étranger, demanderoient que toutes les différences & toutes les variations de prix de nos blés fuſſent épiées & conſtatées, ce qui entraîneroit une multitude de gênes, d'embarras, de formalités qui ſuffiroient pour empêcher notre commerce d'exportation de s'établir. Le blé vaut à préſent (Février 1764) 140 liv. le tonneau à Nantes, 200 liv. à Bordeaux, 230 liv. à Marſeille. Ces prix peuvent & doivent même changer avant un mois. Il nous faudroit donc aujourd'hui des règles diverſes pour ces trois Ports, & en établir de nouvelles dans un mois d'ici.

Il n'eſt pas plus vraiſemblable que les partiſans de la prohibition vouluſſent adopter la Police Angloiſe. Sans examiner le beſoin preſſant de ranimer notre fonds productif, & les avantages de toute eſpèce qui réſulteroient de l'*exportation*, ce mot ſeul jetteroit l'épouvante dans le parti. Cependant il y gagneroit, 1°. l'avantage de voir le blé étranger repouſſé de toutes parts, auſſi ſûrement que par nos prohibitions actuelles ; 2°. celui de voir notre commerce trop embarraſſé, trop contrarié pour pouvoir s'étendre, parce qu'en France on ne ſe contenteroit nullement du certificat d'un Juge de Village, du ſerment d'un Marchand, &c.

B iv

pour conftater un prix que contrediroit
d'un jour à l'autre le prix du marché du
lieu où fe feroit le chargement.

Il eft donc certain que la Police Angloife ne conviendroit ni à ceux qui la re-
gardent comme la bafe & l'appui de leur
opinion, ni à ceux qui la décrient comme dangereufe. Il n'eft pas moins certain
qu'à la confidérer uniquement par fes effets, elle fe rapproche beaucoup plus du
fyftême des prohibitions, que de celui de
la liberté.

Ce qu'on demande aujourd'hui en France, ce dont nous avons le befoin le plus
preffant, c'eft que le commerce des grains
foit libre. La liberté fuppofe qu'en tout
temps, en toutes circonftances, on pourra
importer ou *exporter* les grains. On vient
de voir que c'eft pour avoir profcrit l'*importation* par l'excès des droits d'entrée,
que l'Angleterre s'eft mife dans la néceffité de fufpendre quelquefois ce commerce libre auquel les Anglois doivent
là fupériorité de leur culture, & par
conféquent les forces du fonds national. Il eft vrai que la richeffe du ter-
ritoire a rendu les cas, où la liberté a
été fufpendue, fi rares, qu'on ne peut
les regarder que comme une exception.

Mais cette exception même eſt un mal. Ainſi, puiſque la cauſe en eſt connue, puiſque nous ſavons qu'elle réſide dans la faute qu'ont fait les Anglois en repouſſant le blé étranger, (faute irrémédiable tant que la gratification ſubſiſtera) nous devons l'éviter, & nous ne le pouvons que par une liberté entière. Si le Gouvernement l'accorde aux vœux & aux beſoins de la Nation, nous pouvons calculer d'avance les avantages qui en réſulteront. Notre culture détériorée ſe fortifiera, & ne tardera pas à devenir floriſſante. Les diſettes ne ſe feront jamais ſentir, parce que l'Etranger ſupplée à ce qui pourroit nous manquer dans les mauvaiſes années, & l'on ſait qu'elles ſont peu redoutables dans les Pays bien cultivés. Nous gagnerons, outre une branche d'exportation , l'avantage d'être l'entrepôt des Nations du Nord qui rempliſſent le vide des greniers du Midi. Les glaces empêchent les mers du Nord d'être toujours libres ; ces mers ſont plus éloignées des lieux qui ont beſoin de ſecours : ainſi l'intérêt de l'Etranger ſeroit d'entrepoſer chez nous ſa denrée. Il ſeroit inutile de pouſſer plus loin l'examen des avantages que nous retirerions d'une entière liber-

té, seule police qui soit fondée sur la nature, sur la raison, sur l'expérience. Ces
avantages ont été démontrés par plus d'un
côté, dans des ouvrages qui sont entre les
mains de tout le monde ; & le Public ne
connoît aucun Ecrivain qui se soit rendu
l'Apologiste des prohibitions.

Mais on croit qu'après avoir exposé les
faits qui constituent la Police Angloise, il
peut n'être pas inutile d'examiner deux
difficultés qui ont arrêté des personnes
remplies de Patriotisme, & qui d'ailleurs
sentoient toute l'utilité & même toute
la nécessité de rendre tôt ou tard l'exportation de nos grains perpétuellement libre.

PREMIÈRE DIFFICULTÉ.

*La France a éprouvé des disettes mar-
quées, après des exportations générales
permises par le Gouvernement.*

Les personnes instruites ne nieront certainement pas que les exportations dont
il s'agit ici, ont été permises fort tard.
Le Gouvernement a toujours commencé
par s'assurer que, de toutes parts, l'extrême surabondance des récoltes ruinoit
le Cultivateur, le Propriétaire, & ren-

doit le recouvrement de l'impôt presque impoſſible. Ce recouvrement, comme on le fait, ſe fait en argent, & dans les années ſurabondantes les contribuables n'ont que des denrées qu'ils ne peuvent vendre, & que l'impôt ne reçoit pas en payement.

De longs retardemens dans une opération qui demanderoit la plus grande célérité, anéantiſſent d'avance tout le fruit qu'on auroit retiré d'une prompte exportation. Le mal étoit fait avant que le ſignal de la liberté fût donné. C'eſt ce qu'on va développer.

Il eſt exceſſivement rare qu'une ſeule année ſoit aſſez féconde pour produire cette ſurabondance de production, ſans laquelle on n'accorderoit certainement pas en France une permiſſion générale d'exporter. La ſurabondance n'eſt aſſez marquée pour ébranler nos préjugés, que quand une ou deux bonnes années conſécutives ſont ſuivies d'une très-ample récolte. Les grains tombent alors à ſi bas prix, qu'il faudroit que la conſommation triplât, pour que le Cultivateur pût retirer aſſez d'argent de la vente de ſes grains, pour faire face aux frais de culture, au revenu du Propriétaire, & à l'impôt. Tout est donc suspendu à la fois par l'impossibilité d'une vente à beaucoup près suffisante.

Ce n'est pas seulement, comme on se l'imagine, parce que le Cultivateur craint une nouvelle surcharge de grains, qu'il diminue alors sa culture. C'est parce qu'il lui est impossible de faire les frais de la culture annuelle, lorsqu'il ne peut convertir en argent le produit de ses cultures antérieures. Elles lui ont beaucoup coûté, & elles ne lui rendent rien par le défaut de vente : il arrive donc qu'il manque personnellement d'argent, & que le Propriétaire qui ne reçoit point alors ses revenus, ne peut les reverser dans la main des Cultivateurs par l'achat de ses autres objets de consommation. Est-il étonnant que la culture diminue ? Il est aussi impossible à un Cultivateur de soutenir son exploitation avec des denrées qu'il ne peut vendre, qu'il seroit impossible au Souverain de soutenir l'administration, s'il ne recevoit pour subsides que des denrées qui ne pourroient être converties en argent.

La cessation, ou du moins la diminution de la culture, est donc un effet inévitable par-tout où il y a surabondance intérieure, & impoſſibilité de vendre au dehors. Cet effet précéde néceſſairement les permiſſions d'exporter ; ainſi le mal eſt conſommé, lorſque ces permiſſions ſont tardives. Le temps de préparer & d'enſemencer les terres eſt paſſé, avant qu'on ait pu profiter de ces permiſſions, & faire rentrer dans la main du Cultivateur le prix de ſa denrée. Voilà une cauſe déciſive d'inſuffiſance pour la récolte ſuivante. En voici une autre.

Il n'y a pas un ſeul exemple de permiſſions générales accordées par le Gouvernement en forme légale ; & quelque forme qu'on ait ſuivie, on n'a jamais promis, ni même laiſſé eſpérer à la Nation que ces permiſſions duſſent être perpétuelles, ou même durables. Elles portent toutes cette clauſe : *juſqu'à ce qu'il en ſoit autrement ordonné.* Dans ce ſyſtême on auroit dû prévoir que les exportations ſeroient auſſi exceſſives qu'il ſeroit poſſible. 1°. Parce que, comme on l'a dit, les grains étant à très-bas prix, il faut que le Cultivateur en vende trois fois plus qu'à l'ordinaire, pour trouver dans le prix de ſa vente de quoi fournir aux frais de culture, au revenu du Propriétaire, à l'impôt : trois eſpèces de dépenſes qui ne peuvent se faire qu'avec de l'argent comptant. 2°. Parce que le Commerçant qui prévoit le retour de la prohibition, à l'instant même qu'elle est levée, se hâte de faire des magasins chez l'Etranger, ou pour son compte, ou pour le compte de ses Correspondans. Il n'a garde d'établir ses magasins en France, où il ne seroit pas long-temps maître de sa denrée & des combinaisons de son commerce. Ces différentes causes agissant à la fois, il est nécessaire que le Royaume manque de grains l'année suivante, & que le besoin fasse racheter fort cher les blés qui ont été vendus ou enmagasinés chez l'Etranger à très-bas prix.

Il faudroit s'aveugler pour attribuer un effet si fâcheux à la liberté de l'exportation. Ce sont au contraire les prohibitions qui donnent lieu aux greniers François de s'engorger ; qui, en privant le Cultivateur & le Propriétaire d'une vente assez prompte pour procurer l'argent nécessaire à la culture & à la consommation des denrées de toute espèce, mettent un obstacle invincible au renouvellement des productions & des consommations ; qui, enfin, menaçant continuellement le commerce, le forcent à chercher chez l'Etranger un afile à la denrée qu'il n'a achetée que pour la vendre à profit. Qu'on renonce aux prohibitions pour jamais, & aucun de ces accidens n'arrivera, ni ne pourra arriver.

Après avoir éprouvé ces fruits amers de la prohibition, elle vient mettre le comble à nos maux en reparoiſſant en France. Le temps de beſoin, ou, ſi l'on veut, de diſette ; ce temps où le blé eſt ſi cher, qu'il ne peut ſortir du Royaume, parce qu'il ne pourroit être vendu nulle part à ſi haut prix ; où le blé étranger nous eſt indiſpenſablement néceſſaire, puiſque nous ne pouvons ſuffire à notre ſubſiſtance, eſt celui qu'on choiſit pour renouveller les défenſes de faire ſortir des grains du Royaume. Comment le Négociant François ne ſe féliciteroit - il pas alors d'avoir établi ſes magaſins dans des pays où il eſt maître d'en diſpoſer ? Comment le Négociant Etranger viendroit-il apporter ſon ſuperflu dans nos Ports, tandis que nos Loix l'avertiſſent qu'il n'en pourra ſortir qu'après avoir vendu ſa denrée à quelque prix que la concurrence & l'abondance puiſſent la faire tomber ?

Dans des circonſtances ſi critiques, la France ne peut avoir qu'une reſſource contre les obftacles qu'elle met elle-même à fa fubfiftance. C'eft de faire acheter des grains chez l'étranger. Mais par qui fe font ces achats ? Par des Commiffion-naires chargés d'ordres de la part du Gouvernement. Dans ce moment les Négocians fe gardent bien de hafarder pour leur compte l'achat de grains étrangers. Il y auroit tout à parier qu'ils perdroient fur leurs fpéculations. Il arrive donc que le Royaume eft mal pourvu & à très-grands frais. *Mal pourvu*, parce que l'Etat ne fait jamais acheter à beaucoup près une auffi grande quantité de grains qu'en atti-reroit la concurrence des Commerçans du Royaume. *A très-grands frais*, parce que les Commiffionnaires de l'Etat n'ont aucun intérêt à mettre de l'économie dans leurs achats, à épier les temps & les lieux où ils pourroient les faire avec plus d'a-vantage. Leur objet principal, & même leur objet unique lorfqu'ils ont l'ame honnête, eft de remplir leur miffion avec célérité. La qualité des grains, l'écono-mie du prix n'entrent pour rien dans leurs opérations.

Tels font les effets inféparables des prohibitions converties en principe d'ad-miniftration. Elles appellent la difette par

la

la furabondance même. Lorfqu'on a l'ef-
prit bien pénétré de l'enchaînement des
effets qu'on vient de rapporter, avec les
caufes d'où ils découlent, on n'eft pas
tenté de regarder comme un obftacle à la
liberté, que *la France ait éprouvé des di-
fettes marquées après des exportations générales permifes par le Gouvernement.* Sur
ce point, comme fur tous ceux qui impor-
tent à la chofe publique, il s'agit non-feulement de faire le bien, mais de le bien
faire. Il n'y a qu'une liberté entière & permanente qui puiffe affurer au Cultivateur
l'argent de fa denrée, au moment précis
où il en a befoin pour jetter les fonde-
mens de la récolte future. Il n'y a que
cette liberté qui puiffe déterminer les
acheteurs à établir leurs magafins en France. Il n'y a que cette liberté qui puiffe
attirer les étrangers dans nos ports, lorfque nous fommes dans le befoin, & affurer perfévéramment un prix moyen aux
grains, par la concurrence de ces Marchands étrangers. Toute autre Police fera
néceffairement & éternellement défaf-
treufe.

Voilà les réponfes fondamentales qui
fe préfentent, en réfléchiffant fur cette
première difficulté ; mais comme elle a

C

fait quelque impreſſion ſur des perſonnes auſſi prudentes qu'éclairées, qui certainement favoriſeroient le parti de la liberté de l'exportation, ſi elles étoient convaincues que les ſuites en ſeront heureuſes ; qui ne ſont retenues que par la circonſpection qu'inſpirent les expériences qui n'ont pas réuſſi ; c'eſt un devoir que d'enviſager par tous ſes côtés la dernière des opérations de cette eſpèce qui ait été faite, afin de mieux juger ſi nous avons les mêmes ſuites à craindre.

La France a eu d'abondantes récoltes depuis 1733 juſqu'en 1738. M. Orry, alors Contrôleur Général, permit l'exportation des grains, parce qu'on en étoit ſurchargé depuis pluſieurs années. Après la diminution de la culture, cauſée par l'impuiſſance progreſſive & le découragement du Cultivateur, un hiver rigoureux ſe fit ſentir, & l'on fut menacé d'une diſette en 1740.

En iſolant cet événement de ſes cauſes économiques, phyſiques & politiques, on peut être porté à l'attribuer au défaut de magaſins dans le Royaume. Ils étoient alors défendus. On peut alléguer auſſi que la circulation des grains étant alors interdite, les Négocians n'avoient pu faire de spéculations sur les grains, en sorte qu'ils manquèrent tout-à-coup. Le changement survenu depuis dans la Législation pourroit même conduire à penser, qu'avant d'accorder une entière liberté d'exporter, il seroit peut-être prudent d'attendre l'effet de la Déclaration du 25 Mai 1763. Enfin on peut supposer que la sortie des farines étant aujourd'hui permise, c'est un moyen d'exportation qui tient immédiatement aux grains, & qui en favorisera la culture. Examinons chacun de ces objets en particulier.

1°. On va donner des preuves qu'en 1740 il y avoit en France beaucoup de magasins, ou, si l'on veut, beaucoup de greniers remplis. La cherté des grains les fit fermer : malheur inévitable par-tout où ceux qui possèdent des blés n'ont point à craindre la concurrence des Négocians du dehors. Si la liberté eût laissé à la concurrence ce ressort dont les effets sont si prodigieux & si continuels dans toutes les autres branches de commerce, les greniers des Particuliers se fussent ouverts d'eux-mêmes. Ceci n'est point une conjecture. M. Orry fit venir pour 13 millions de blé. On n'en vendit point, & ces blés germèrent, parce qu'à l'arrivée de ce fecours, quelque modique qu'il fût pour un grand Royaume où l'on parloit de difette, la crainte de perdre détermina tous les Propriétaires à ouvrir leurs greniers (*a*). Comment les magafins des Marchands, toujours très-inférieurs aux greniers des Cultivateurs, des Fermiers de grandes Terres, & des Propriétaires Laïcs & Eccléfiaftiques, pourroient-ils raffurer à préfent une adminiftration qui a promis par une Loi publique, que ceux qui formeront de ces magafins ne pourront être *inquiétés ni aftreints à aucunes formalités ?* L'avidité les fera fermer, comme elle a fait fermer les greniers. On ne peut donc trouver de motifs de fécu-

____

(*a*) *Voyez le fait de la perte des grains achetés par ordre de M. Orry, dans les* Obferv. fur la liberté du commerce des grains, *attribuées à M. de Chamouffet, page* 51. Si ces blés ne coûtèrent que 20 livres le fetier, il en entra 650 mille fetiers. S'ils coûtèrent 25 livres, ce qui eft beaucoup plus vraifemblable, il n'en entra que 520 mille. C'eft un peu moins de la foixante-feptième partie de la confommation annuelle du Royaume, & par conféquent ce n'étoit que pour environ cinq jours de fubfiftance. On peut juger par cet exemple à quel point on s'exagère le péril, lorfqu'on entend parler de difette, puifqu'un fi petit fecours arrêta le mal dont on étoit allarmé. On peut juger en même temps à quel point il eft important d'attirer le blé étranger par la libre fortie de nos Ports, puifqu'avec un effort de 13 millions de la part du Gouvernement, on n'auroit de fubfiftance que pour quelques jours dans les années où la difette feroit réelle. Il eft évident qu'elle ne l'étoit pas en 1740, puifque tous les blés que fit acheter M. Orry germèrent.

rité que dans la concurrence du blé étranger. Lorſqu'elle pourra agir dans toute
ſon étendue, elle ſera bien plus efficace
pour faire ouvrir & les magaſins, & les
greniers, que ne le fut la petite quantité
de blé achetée par les ordres de M. Orry,
qui cependant produiſit ce bon effet.
Les ſeuls magaſins ſuffiſamment garnis
& toujours ouverts, ſont ceux de l'Europe. Le ſeul moyen de diſpoſer des grains
qu'ils renferment, c'eſt de laiſſer à ceux
qui les poſſèdent la liberté de les apporter en France, ou de les remporter. Ils
ne les remporteront certainement pas,
tant que nous ferons dans le beſoin,
parce que c'eſt toujours, & par-tout, le
bon prix qui appelle & qui retient la
denrée.

2°. Le défaut de liberté dans la circulation intérieure peut tout-à-coup faire
manquer ou reſſerrer les grains dans quelques Provinces ; mais alors il n'y a qu'une
diſette partielle, au lieu que celle qu'on
craignoit ſous le Miniſtère de M. Orry
ſembloit devoir être générale. Ainſi quand
même la circulation eût été permiſe, les
ſpéculations des Négocians ne les euſſent
pas portés à dégarnir les endroits pourvus
de grains pour les envoyer ailleurs. Quand

l'allarme, bien ou mal fondée, est répandue par-tout, le blé ne circule point. Le haut prix, effet prompt & nécessaire de la crainte, les retient où ils sont. Le vrai remède contre ces terreurs, c'est la liberté de l'exportation ; parce qu'en inspirant la confiance aux étrangers, elle les attire, & que la frayeur cesse, quelque foibles que soient leurs importations. L'opération même de M. Orry en est une preuve. Le défaut de circulation n'influa donc en rien sur l'événement qu'on craint de voir se renouveller.

3°. La Déclaration du 25 Mai 1763 est une bonne Loi en elle-même ; mais cette Loi est insuffisante pour remédier aux maux causés par les prohibitions au dedans & au dehors. Le commerce des grains est si dérouté, & depuis si long-temps, qu'il ne peut se rétablir que très-lentement, même dans l'intérieur. On en peut juger par un fait rapporté N°. 4 de la Gazette du Commerce, du Samedi 14 Janvier dernier.

Un Commerçant de Paris envoie un homme de confiance en Champagne & en Lorraine, pour acheter des grains qu'il vouloit faire passer à Marseille par le Havre. Cet homme de confiance trouve les grains à un peu moins de 9 livres 5 fols le fetier de Paris, (7 liv. le rezal pefant 182 livres.) Les propriétaires de cette denrée ne connoiffant que le marché le plus prochain de leur habitation, ne comprirent pas même *ce qu'on vouloit leur dire*, quand on leur propofa de fournir du blé, & de le tranfporter par la Marne & la Seine jufqu'au Havre. Il auroit fallu louer des greniers ou des magafins. Il n'y en a point. On n'auroit pu acheter les blés que par petites parties dans les différens marchés ; c'eût été une opération de quatre mois que d'en raffembler 2000 fetiers. On n'auroit pu les faire enlever fans occafionner, fi ce n'eft la difette, au moins un furhauffement de prix, & *des terreurs paniques*. Cependant qu'eft-ce que 2000 fetiers de blé !

» Cela vient, dit le Commerçant qui » a fait cette tentative, de ce que cette » abondance exceffive dont on a parlé, » n'étoit réelle que proportionnellement » au peu de débouché du blé de ces Pro- » vinces. Mais que dans la réalité il n'y » a, ni ne peut y avoir une certaine » abondance dans un pays où les débou- » chés n'exiftent pas ; parce qu'on y » mefure la quantité des enfemencemens

>> aux befoins de la confommation inté-
>> rieure, & jamais aux befoins du com-
>> merce, de la *circulation*, ou de l'*ex-*
>> *portation* dont on n'a *aucune idée* ....
>> Eft-il rien de plus affligeant que dans
>> deux Provinces à blé, les Propriétai-
>> res de cette denrée croient qu'on leur
>> parle des Antipodes, lorfqu'on leur
>> propofe de livrer *à un bon prix* leurs
>> blés au Havre-de-Grace ? ... Un Pro-
>> vençal faifit au premier coup d'œil,
>> que la Lorraine & la Champagne peu-
>> vent approvifionner la Provence du blé
>> dont elle manque. Un Champenois & un
>> Lorrain ne conçoivent pas la poffibilité
>> de tranfporter leur blé jufqu'au Ha-
>> vre, pour en avoir *un prix double* de
>> celui qu'ils en trouvent chez eux. <<

Le fait qu'on vient de rapporter fem-
ble être contredit par deux lettres in-
férées dans la feuille N°. 17. Il faut,
dit-on, que le Commiffionnaire envoyé
en Champagne & en Lorraine, *foit*
tombé dans les plus mauvais cantons.
Mais ces deux lettres font de nouvelles
preuves qu'en effet on n'a pas d'idée en
Champagne du commerce des grains.
Nous avons, dit l'Auteur de la première,
des grains en abondance. Le fetier de

Paris du plus beau froment *ne vaut que 10 liv.* à quoi il ajoute qu'on a *tous les moyens possibles* pour exporter. On ne fait donc pas faire ufage de ces moyens. *Mais où veut-on*, dit-il, *que nous tranf-portions du grain, lorfqu'on ne nous en demande pas, & qu'il n'eft pas permis de faire des provifions dans les gran-des Villes ?* Queftion étonnante, & qui prouve deux chofes ; l'une, que le commerce des grains eft inconnu en Champagne ; l'autre, qu'on n'y connoît même pas la Déclaration du 25 Mai 1763. Auffi l'Auteur demande-t-il, pour que les denrées puiffent *circuler*, qu'on joigne les rivières *les unes aux autres par des canaux & des éclufes* ; qu'on faffe *conftruire des ports* ; qu'on rende *praticables les chemins de village à village*, &c. Si la circulation des grains ne s'établit qu'après que ces conditions feront remplies, nous ferons long-temps fans en jouir.

L'autre lettre affure que les greniers de Chaalons renferment actuellement 20 mille fetiers de froment, 40 mille d'avoine ; qu'il y en a *au moins autant* à Vitri-le-François, & qu'il y a beaucoup d'autres endroits de Champagne & de

Lorraine qui *en enmagaſinent conti-nuellement.*

Il eſt évident que tous ces grains ne circulent pas. Si l'exportation étoit per-miſe, les Négocians ſauroient bien met-tre en mouvement cette précieuſe denrée, qu'il eſt ſi aiſé de rendre plus précieuſe encore. Et on ne liroit pas dans la même feuille N°. 17, que » malgré la grande » quantité de blé qui arrive à Niſmes, de » la Bourgogne & du Dauphiné, le prix » s'en ſoutient toujours, & que les blés » du crû ſe vendirent au marché, le 9 » Février, 38 liv. la ſalmée, peſant trois » livres de plus que le ſetier de Paris. » Le Cultivateur & le Propriétaire de Champagne s'épuiſent donc à enmagaſi-ner des grains qu'ils ne peuvent vendre que 10 livres le ſetier, tandis que les ha-bitans de Niſmes & des environs le payent plus du double de ce qu'il coûteroit ſi l'exportation étoit perpétuellement li-bre.

Si l'on attend, pour autoriſer l'expor-tation, que la circulation ſoit pleine-ment rétablie, on attendra long-temps. Il ſemble donc que tout doit dépendre aujourd'hui de la déciſion de cette queſ-tion. Le Royaume eſt - il dans une poſition à pouvoir, fans péril, éloigner un moyen de ranimer fa culture, d'augmenter le prix de fes denrées, & d'en affurer la vente ? S'il eft dans cette heureufe pofition, on peut attendre, fans courir aucun rifque. Mais fi le befoin eft urgent, fi la production, le revenu, l'impôt font dans un état de fouffrance, s'il eft preffant de les ranimer, c'eft tout rifquer que d'éloigner une opération qui fera néceffairement lente, & qui ne produiroit aucun effet, fi le mal augmentoit à un certain point.

Loin qu'on doive s'attendre à une circulation prompte & facile d'une Province à l'autre, il y a beaucoup d'apparence que les premiers magafins qu'on voudra former allarmeront les Magiftrats, & les Adminiftrateurs des Hôpitaux des Villes de Province. Il y a plus de têtes difpofées à croire qu'il eft bon de nourrir des fainéans à bon marché, que capables de fentir de quelle importance il eft de préferver les Cultivateurs & le Royaume, de la ruine que le bon marché des denrées rend inévitable.

4°. Le commerce extérieur des farines n'eft qu'un objet borné, & qui ne peut s'étendre dans tous les lieux où il y a furabondance de grains. Il n'y a pas de moulins convenables par-tout; car tous les moulins, ainfi que tous les grains, ne font pas propres à faire des farines qui puiffent être exportées. Les farines font plus chères que les grains, parce qu'on a une main-d'œuvre à payer. Il fuffit d'avoir des greniers pour conferver des grains : à l'égard des farines, il faut de plus faire la dépenfe, ou de les mettre en facs, ce qui n'empêche point le rifque extréme de les voir avarier dans la plus courte traverfée; ou dans des barils, ce qui augmente confidérablement les avances & les frais des Négocians. La garde en eft très-difpendieufe, & elles font fujettes à beaucoup de déchet. Voilà bien des motifs pour détourner nos Commerçans de faire des exportations fuffifantes en ce genre. Mais il faut fonger de plus que les Nations qui manquent de grains font dans l'ufage d'acheter les grains, mêmes, & de s'épargner le rembourfement de la main-d'œuvre dont nous voudrions profiter. Elles ont des moulins qu'elles n'abandonneront pas pour fe prêter à nos arrangemens particuliers, tandis que d'autres Nations continueront à leur fournir des blés en nature.

Ces réflexions, ou plutôt ces faits, ne permettent pas de faire dépendre la liberté d'exporter les grains, des suites de l'opération qui fut faite sous le Ministère de M. Orry. La France n'est pas aujourd'hui surchargée de grains ; & quand même elle le seroit, il ne s'en feroit que de foibles exportations, si la liberté étoit générale & perpétuelle, au lieu d'être momentanée. Les motifs actuels doivent être puisés dans l'état des choses, c'est-à-dire dans la connoissance des besoins de la culture, & dans l'expérience du commerce. On ne trouveroit pas un seul Commerçant, un seul Propriétaire de Terres, un seul Cultivateur en état de raisonner sur son exploitation, qui ne demandassent la liberté d'exporter les grains. Seroit-il possible de trouver des Juges plus instruits & plus intéressés à rendre un bon Jugement ?

SECONDE DIFFICULTÉ.

L'Angleterre a reconnu elle-même la nécessité de défendre quelquefois *la sortie des grains.*

Ceux qui supposent que le commerce des grains est *libre* en Angleterre, ont raifon de conclure, de l'exemple de cette Nation, qu'il eft *quelquefois* néceffaire d'en défendre la fortie. Mais ceux qui favent que ce commerce n'y jouit que d'une demi - liberté ; que l'exportation étant toujours permife, l'importation eft toujours repouffée ; que le pays le plus fécond & le mieux cultivé a *quelquefois* des récoltes infuffifantes, ne font pas étonnés que les Anglois éprouvent *quelquefois* la néceffité de défendre la fortie des grains nationaux. Il n'y a par - tout que deux moyens de fubfifter : la confommation de fes propres denrées, ou celle des denrées étrangères. Les Anglois diminuent les droits d'entrée pour appeler le grain étranger, lorfqu'ils fentent le befoin de ce fecours ; mais ces droits diminués font toujours très-forts, & ils peuvent doubler & tripler d'un jour à l'autre par la moindre révolution de prix dans les marchés Anglois. C'eft prohiber l'importation plus fortement par des droits d'entrée, que nous ne la prohibons par de fimples défenfes de fortie. On s'imagine donc alors qu'il eft indifpenfable de retenir tout le blé national, puifque c'eft l'unique moyen de fubfiftance. C'eft une erreur. Mais l'erreur eft le domaine de la

multitude ; & ceux qui favent lui échap-
per font rares par-tout, & ne font écoutés
nulle part.

On le répéte, fi l'envie, raifonnable en
foi, de n'accorder la gratification qu'aux
Anglois feuls, n'avoit pas forcé à établir
des droits énormes à l'entrée fur les grains
étrangers ; fi le furhauffement de ces droits
n'augmentoit pas en proportion de ce
que le grain eft plus commun, & par
conféquent à meilleur marché en Angleterre, la Loi générale qui autorife l'exportation ne recevroit jamais d'atteinte.
On ne fe trouveroit jamais dans la néceffité de fufpendre la liberté par des Loix
particulières. Ainfi c'eft le défaut de liberté dans *l'importation*, qui force à ref-
treindre *quelquefois* celle du commerce
d'exportation. Les Anglois ne fouffrent
que rarement de leur mauvaife police fur
l'entrée des grains, parce que leur culture s'eft augmentée au point de n'éprou-
ver prefque jamais de grands vides dans
leurs récoltes. Nous fouffrons continuellement de nos prohibitions à la fortie,
parce que nos Cultivateurs & par conféquent la culture font ruinés dans les années abondantes , & que l'Etranger ne
veut pas courir les rifques de nous fecou-

rir , lorſque nous ſommes dans le beſoin.
Ainſi c'eſt en Angleterre, comme en France , le défaut d'une liberté entière qui
nuit au bien public. Il n'y a que les prohibitions qui puiſſent nuire, comme il n'y
a que la liberté entière & perpétuelle qui
puiſſe mettre à l'abri des mauvaiſes années. Il eſt contre nature de défendre à
une Nation de vendre une denrée qu'on
l'exhorte à multiplier : & tout ce qui eſt
contre nature eſt deſtructif, & ne peut
produire que de funeſtes effets.

Qu'il ſoit permis d'ajouter à cette dif-
cuſſion une obſervation qui paroît bien
propre à raſſurer les perſonnes à qui la
liberté d'exporter préſente de bonne foi
la même idée que la diſette. Les calcu-
lateurs les plus modérés, on pourroit dire
les plus timides , portent à trente-cinq
millions de ſetiers, déduction faite des
ſemences , le produit annuel de nos récoltes. Si elles ſuffiſent ordinairement à
notre ſubſiſtance, (l'on ne peut en dou-
ter) il eſt évident qu'il faudroit faire ſortir une partie conſidérable de ces trente-
cinq millions de ſetiers pour nous jetter
dans la diſette. Or une forte exportation
deviendra abſolument impoſſible, lorſque la liberté perpétuelle d'exporter dé-
tournera

tournera nos Commerçans d'aller établir des magafins chez l'Etranger.

On fait à peu près à quoi montent les exportations annuelles dans l'Europe. L'année commune de celles d'Angleterre, prife fur 25 années, eft d'un million 20 mille fetiers. Celle des blés de Pologne par Dantzic (ce qui embraffe toutes les exportations des Peuples du Nord & des Hollandois) monte, année commune, à 800 mille tonneaux de mer, qui font 7 millions 350 mille fetiers. Ainfi 8 millions 350 mille fetiers forment prefque la totalité du commerce des grains dans l'Europe. On dit *prefque la totalité*, parce qu'on n'ignore pas qu'il s'exporte des grains de Sicile, de Barbarie, de l'Archipel. Mais c'eft un objet qui ne peut entrer en aucune proportion avec ceux dont on vient de parler. Ce feroit donc outrer les fuppofitions, que d'admettre qu'en total les exportations montent, année commune, à 10 millions de fetiers.

D'après cet élément qui péche certainement en excès, comment imaginer que quand les prohibitions ne forceront plus nos négocians à entrepofer nos grains chez l'Etranger, il leur fût poffible d'en exporter une affez grande quantité pour opérer

D

une senfation fâcheufe en France ? Les befoins des Peuples qui manquent de grains,
parmi lefquels il faut compter les Hollandois, ne confomment en tout que dix
millions de fetiers, & ils leur font annuellement fournis par les Nations pour
qui l'exportation eft libre. Le commerce
de ces Nations eft tout monté, tout ac-
crédité. Que pourroient donc faire de plus
les François, que d'entrer en concurrence pour une petite portion de ce commerce ? Suppofons que cette portion pût être
d'un cinquième, malgré les efforts que
feroient les Anglois, les Hollandois, &c.
pour nous empêcher de diminuer leurs
ventes habituelles. Il arriveroit qu'avec
les plus grands efforts de nos Commerçans, il fortiroit, année commune, deux
millions de fetiers de blé de France. Or
c'eft à peine ce qui s'en perd annuellement par la pourriture, par le dégât des
infectes & des autres animaux. Il eft même affez vraifemblable qu'il nous feroit
impoffible d'exporter ce que la prohibition fait tomber en pure perte. L'exportation ne feroit donc qu'une diftraction
infenfible fur nos récoltes.

Mais envifageons par un autre côté les
effets de cette petite branche d'expor-

tation. Suppofons que les achats de ces deux millions de fetiers fiffent monter les grains à dix-huit livres, il fe feroit donc annuellement un verfement de 36 millions fur nos campagnes par la feule vente à l'Etranger. Il faudroit bien peu connoître la fituation actuelle du Royaume, & ignorer jufqu'aux premiers élémens de la fcience économique, pour ne pas fentir quel accroiffement de production & de revenu opéreroit un capital annuel de 36 millions verfé dans notre Agriculture.

Si on demande quel ufage nous ferons de nos grains, après que l'exportation en aura augmenté la culture, puifqu'il eft impoffible d'en exporter plus de deux millions de fetiers, la réponfe fe préfentera d'elle-même aux gens inftruits. La libre exportation, quelque bornée qu'elle foit, fera augmenter, 1°. le prix de la denrée qui eft prefque toujours en France au-deffous de fa valeur; 2°. la production; 3°. les revenus des Particuliers & de l'Etat; 4°. les falaires de ceux pour qui le travail eft l'unique moyen de fubfifter; 5°. les confommations, qui feules peuvent perpétuer le cercle de la reproduction, & qui augmentent ou s'affoibliffent toujours dans la même proportion que les ſalaires : enfin la population, parce qu'elle s'accroît toujours par-tout où il y a abondance de ſalaires & de ſubſiſtances. Peut-être y a-t-il parmi nous beaucoup de gens qui ignorent que la population diminue néceſſairement & très-utilement pour l'Etat, lorſque les ſubſiſtances & les revenus ſont bornés, parce qu'alors la multitude manque & de ſalaires & de travail. Elle devient un fardeau pour un Etat obéré, comme elle eſt la force d'un Etat opulent. Dans le premier, on s'épuiſe à ſoutenir une population oiſive : dans le ſecond, on s'enrichit par le travail & l'emploi des ſalaires d'une population laborieuſe.

Ceux qui ne ſeroient pas touchés de ces raiſons, devroient bien nous dire celles qui les déterminent. On doit au bien de ſa Patrie ou des lumières, ou de la docilité.

F I N.